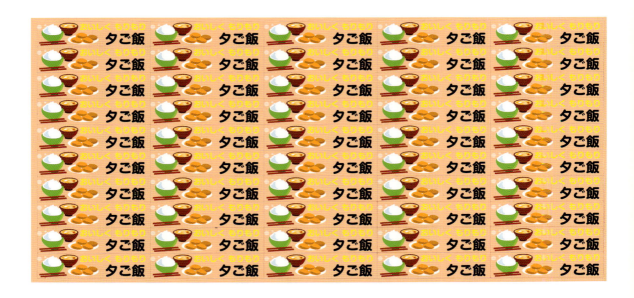

新装版

計画力おもしろ練習帳

佐々木 かをり [著]

7週間 書き込み式

日本能率協会マネジメントセンター

はじめに

◆夢を目標に変えよう！

　今、この本を手にしたキミは、きっと「やりたい」ことがたくさんあるのだろうと思う。たくさん遊びたい。たくさん勉強したい。……想像してみて欲しい。

　その「やりたいこと」が全部できたら、どうだろう？　すごく気持ちがいいのではないかな？　できたときの自分を想像すると、嬉しくなるし、ワクワクしてくるに違いない。

　「計画」って、そんなワクワクした気持ちを実現させるための道具なんだよ。「やりたいこと」を自分の行動に変えていくために、この練習帳を使ってみて欲しい。見えない時間を、見えるようにして、自分の夢を、目標に、そして、行動に変えていって欲しい。

　夢には、長い年月をかけて追いかけていきたい大きな夢と、身近に実現させたい夢と、いろいろある。どんな夢でも、夢を持つことで一番大切なのは、まず、夢を想像したときのワクワク感を感じることなんだ。「野球選手になれたらいいなあ」「ケーキ屋さんになりたいなあ」「英語のテストに合格するといいなあ」などどんな夢でも、うまくいったときのことを想

像すると、顔がニヤリと笑顔になる。その笑顔が、毎日の「やる気」になる。

でも、ニヤニヤと想像しているだけでは、夢はかなわない。かなえるためには、夢を目標に変え、目標を計画に変え、実行していく。

目標というのは、日にちと数が決まっていて、達成したかどうかがわかる目安のこと。最終地点ではなくて、進み具合を確認するためのものなんだよ。

「英語のテストに合格するといいなあ」という夢を、「10月8日の英語テストに合格したい」などと、日付を決め、今からテスト日までのやることを毎日に分けていけばいい。

その行動計画のつくり方は、カンタン。この本の通りに、APメソッドの7つのステップで、立てられるんだ。

計画を立てて実行することで、勉強も、遊びも、両方できる。「やりたいこと」がたくさんできる。これは、夢がかなう方法だよ。さあ、さっそく始めてみよう！

2017年7月

佐々木かをり

計画力おもしろ練習帳 新装版

目次

- はじめに……2

ステップ1 使える日は何日あるかな？……6

ステップ2 どんなことをやりたい？……10

ステップ3 数字に「変身」させよう……14

ステップ4 順番をつけていこう！……18

ステップ5 計画表に書いてみよう！……20

ステップ6 計画は楽しいパズル合わせ！……22

ステップ7 キミが主役。やり直してもOK！……26

CONTENTS

1週目
- 行動書き出しページ……28
- 計画表の記入例……30
- 計画表……31

CHECK! 1 2 3 4 5 6 7

→ 1週目達成! ★クッションタイムが計画のコツ!……38

2週目
- 行動書き出しページ……40
- 計画表……41

CHECK! 1 2 3 4 5 6 7

→ 2週目達成! ★計画表はいつも開いておこう!……48

3週目
- 行動書き出しページ……50
- 計画表……51

CHECK! 1 2 3 4 5 6 7

→ 3週目達成! ★自分が主役の映画の脚本を書く!……58

4週目
- 行動書き出しページ……60
- 計画表……61

CHECK! 1 2 3 4 5 6 7

→ 4週目達成! ★生活のリズムを整えてやる気が続く人になろう!……68

終わった日を塗りつぶそう

5週目
- 行動書き出しページ……70
- 計画表……71

CHECK! 1 2 3 4 5 6 7

→ 5週目達成! ★続けるための3つの約束……78

6週目
- 行動書き出しページ……80
- 計画表……81

CHECK! 1 2 3 4 5 6 7

→ 6週目達成! ★やる気が続くひみつは、毎日の達成感……88

7週目
- 行動書き出しページ……90
- 計画表……91

CHECK! 1 2 3 4 5 6 7

→ 7週目達成! ★夢をかなえる方法……98

夢書き出しページ

使える日は何日あるかな？

――引き算で使える日を計算する

「計画を立てる」ということは、しめ切りまでに、やりたいことができるように、予定を立てるということ。

だから、しめ切りまで何日あるのか、何時間あるのか、と自分が持っている時間数を数えてみることが、大切なんだ。

じゃあ、それが何日あるか具体的に数えてみよう。1日1回やりたい、と思うことを計画するために、**使える日が何日あるか数えてみるんだ！**

キミの計画表は7週間49日分ある。今が9月なら、平日は学校に行っているからキミが自由に計画できるのは放課後。

例えば、夏休みや冬休みなら、新学期が始まる1日目、始業式がしめ切りの日。その日までに、宿題を終わらせるための計画を立てる。何かのテストの日にむかって計画を立てるなら、試験日までに、勉強したい分量が終わるようにしていく。スポーツの練習だって、音楽の練習だって、試合や発表会などの日が、1つのしめ切りだ。だから、しめ切りまでに、実際に空いている時間の量を知ることが大切なんだ。

たいき君は、火曜日にスイミング、月曜日と木曜日は塾。家族

旅行の計画がある週末は、自由に計画できる日には数えない。

この練習帳の計画表49日間中、月・火・木曜日は21日あるから、49日－21日＝28日。旅行の2日も引けば、残りは26日。

たいき君が今から49日間で、自由に計画できる日は26日間ということになるね。**49日間あるといっても全部は使えない。**毎日やるものは全部で26回分になることを頭に入れておくよ。

みどりちゃんは、7月25日から夏休みにこの練習帳を使っている。夏休みは旅行もあるし、クラブもある。長い休みの気分はあるけれど、**本当は何日くらい、自分で自由に計画できるのかな？**

7月25日から夏休みが終わる8月31日までは38日間。8月10日から14日までの5日間が家族旅行。それと、学校の水泳学習の日が3日間、夏期講習の日が8日間ある。

だから、38－5－3－8＝22日間だ。

●みどりちゃんの例

	水曜日	木曜日	金曜日 4日間	土曜日	日曜日	月曜日	火曜日
1週目	⑦25	26	27	28	29	30	31
	←—— 夏期講習 ——→				3日間		
2週目	⑧1	2	3	4	5	6	7
					←—— 水泳学習 ——→		
3週目	8	9	10	11	12	13	14
	4日間				←—— 家族旅行 ——→		
4週目	15	16	17	18	19	20	21
	←—— 夏期講習 ——→			5日間			
5週目	22	23	24	25	26	27	28
6週目	29	30	31				
7週目							

夏休みのように「長い」とか「いっぱいある」と思っていることを、**具体的に数えて、あらかじめ何日使えるかを知っておくことは計画を立てる上でとても大切なんだ。**

　「やりたい」ことや「やらなくちゃいけない」ことを、たいき君は26日間で、みどりちゃんは22日間で、計画することになるね。

　計画を立てる時、一番大切なのは、1日単位ではなくて、「時間」単位で見ること。その、「時間」を見えるようにしていくために、まずは、1日単位で、見てみることにしよう。

　次のページに、この計画帳を使い始める曜日を書いて、日付をいれて、7週間、49日間の、カレンダーを作ってみよう。そして、その中で、もし、学校や家族と旅行に行くとか、誰かが遊びに来るとか、自分だけの計画では進まないと思う日には、印をつけよう。

　キミは、しめ切りまでに、全部で何日残っているかな？

	曜日	曜日	曜日	曜日	曜日	曜日	曜日
1週目	月　日	月　日	月　日	月　日	月　日	月　日	月　日
2週目	月　日	月　日	月　日	月　日	月　日	月　日	月　日
3週目	月　日	月　日	月　日	月　日	月　日	月　日	月　日
4週目	月　日	月　日	月　日	月　日	月　日	月　日	月　日
5週目	月　日	月　日	月　日	月　日	月　日	月　日	月　日
6週目	月　日	月　日	月　日	月　日	月　日	月　日	月　日
7週目	月　日	月　日	月　日	月　日	月　日	月　日	月　日

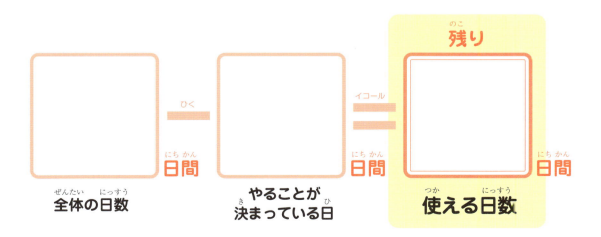

全体の日数　日間　ひく　やることが決まっている日　日間　イコール　残り　使える日数　日間

ステップ2 どんなことをやりたい？

――バラバラ作戦(さくせん)で、やりたいことを1つずつ書(か)き出(だ)す

　キミにはいっぱい夢(ゆめ)があるよね。今(いま)やりたいことや将来(しょうらい)なりたい夢。そして今週(こんしゅう)やらなくちゃ、と思(おも)っていることもある。

　ごちゃごちゃいっぱいある「やりたい」ことを全部整理(ぜんぶせいり)してみようね。名(な)づけて**「バラバラ作戦(さくせん)」**。まずは、やりたいことが全部(ぜんぶ)でどれくらいあるのかを見(み)てみよう。

「バラバラ作戦」っていうのは、頭の中にあることを分解して、1つ、1つ、書き出して、見える形にすることなんだ。

やり方はカンタン。思いついた順番でいいから、「やりたい」ことを1つずつ書き出してみよう。やりたいってキミが思うことなら、何でもいいよ。たとえば、たいき君の場合はこんな感じ。

たいき君の例 ①

★行動 書き出しページ

行動名	数字に変身！	どのくらいかかる？	いつまで？	順番
☐ ゲームをする				
☐ テレビを見る				
☐ サッカーを見に行く				
☐ 映画を見る				
☐ 家族での旅行				
☐ スイミング				
☐				
☐				
☐				

じゃあ、キミの番。28ページを開いて、「行動書き出しページ」に書き出してみて。できたら、このページにもどってきてね。

できたかな？　今書いたものは、キミの「やりたい」ものだったよね。次に「やらなきゃいけない」ことも、書き出してみよう。

「やらなきゃいけないこと」っていうのは、誰かとしている**絶対に守らなくちゃいけない約束**のこと。

たとえば、学校の宿題。みどりちゃんの場合は、こんなふう。

みどりちゃんの例 ①

★行動 書き出しページ

行動名	数字に変身！	どのくらいかかる？	いつまで？	順番
☐ 国語ドリル				
☐ 日記				
☐ 読書				
☐ 自由研究				
☐ ピアノの練習				
☐ 計算ドリル				
☐ 復習理科問題				
☐				
☐				

もう一度28ページの「行動書き出しページ」を開いて、キミのやらなきゃいけないことをさっき書いたところに続けて書いてみよう！
　「やりたい」ことと「やらなきゃいけない」こと。今書いていることが**全部できたら、どんな気持ちだろう？**
　想像できる？　うれしいよね！　すごいよね！　自分のことを**なかなかやるじゃん！**　なんてほめたりして。なんかワクワクしてこない？

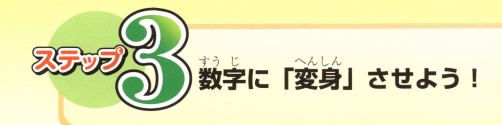
ステップ3 数字に「変身」させよう！

──何回に分けられる？　どのくらいかかる？　いつまで？

　やりたいこと、やらなきゃいけないことは、だいたい書き出せたかな？　じゃあ、次は、**それを数字に変身させてみよう！**
「数字に変身させる」って何？
　たとえば、こういうことなんだ。
　28ページに書き出した行動に、「国語ドリル」とか「計算ドリル」とか書いた人はいるかな？　ドリルって書いても、量がわからないよね。「1冊全部なんだもの」と思ったキミも、ドリルは全部で**何回分あるか、ちょっと数えてみて。**
　全体の量をイメージするために、バラバラに分解して数字にしてみる必要があるんだ。

　みどりちゃんのドリルは、1冊が第1回から第12回だった。だから、バラバラ分解した数字は「12」。「国語ドリル」のとなりの**「数字に変身！」の欄に「12回」って記入してみよう。**
　それから、そのとなりの「どのくらいかかる？」という欄に、1回にかかる時間を書こう。
　たとえば、国語ドリルの第1回目をやるのに、30分必要だと思ったら「30分」って書く。バラバラにした1回分をやるのに、

何分くらいかかるかを書くんだよ。
　次に、いつまでに終わらせたいかを考えて「いつまで？」の欄に記入しよう。国語ドリルが夏休みの宿題なら「8／31」とかね。

みどりちゃんの例 ②

★行動 書き出しページ				
行動名	数字に変身！	どのくらいかかる？	いつまで？	順番
☐ 国語ドリル	12回	30分	8／31	
☐				
☐				
☐				

数字には変身できないよ！　と思うものもあるかもしれないね。みどりちゃんの場合は「日記」。**日記みたいに毎日やることは、「数字に変身！」の欄に、数字じゃなくて「毎日」って書けばいいよ。**日記を書くのには、何分かかる？　15分？　そうしたら、こんなふうに書こうね。

みどりちゃんの例 ③

☐ 国語ドリル	12回	30分	8/31
☐ 日記	毎日	15分	──
☐			

　日記は、毎日ずっと書き続けるわけだから「いつまで？」の欄に書く終点の日付がないよね。その場合は横線を引いておこう。
　「自由研究」のように、今はまだ全体像をイメージしにくいものもあるかもしれないね。そういうものは、どうやって数字に変身させることができると思う？
　まずは、キミの自由研究の内容を「バラバラ作戦」で分解してみるんだ。テーマを決めることから、何をしなくちゃいけないかをバラバラに分解して、1つ1つ28ページに書き出してみよう。
　みどりちゃんは、こんなふうに書いてみた。

みどりちゃんの例 ④

☐ 自由研究のテーマを決める	1回	30分
☐ テーマ内容を調べる	2回	30分
☐ 博物館に見学に行く	1回	3時間
☐ 調べたものをまとめる	3回	30分
☐ まとめたものを表にする	3回	30分
☐ 発表の練習をする	1回	30分
☐		

じゃあ、キミの番だ。さっきの28ページに書き出した「やりたいこと」「やらなきゃいけないこと」を全部数字に変身させていこう。29ページにも同じ表があるから、足りなかったら使ってね。

順番をつけていこう！

――― 計画を立てる順番に３つのグループに分ける

「行動書き出しページ」の右はじには「順番」という欄があるよね。これは、これまでに書いた「やりたい」ことや「やらなきゃいけない」ことを、どの順番で時間パズルにはめて行動していくかという仲間分けをするところなんだ。

計画に入れる順番って、大切なんだよ。

じゃあ、どうやって順番を決めればいいんだろう？

たとえば、宿題みたいに学校で決められていること、先生や友達と約束していることなど、**たくさんの人と約束しているものは先に計画に入れるんだ。**ここでは、下に書いたように①②③の３つのグループに仲間分けしていくよ。

〈３つの仲間分け〉
学校の宿題とか、絶対にやらなきゃいけないものは「①」。
興味のあること、やりたいと思っていることは「②」。
できたら、これもやりたいな、と思っていることは「③」。

こうやって、計画を立てる順番をつけることが大事なんだよ。これを**「優先順位をつける」**とも言うよ。

たいき君の場合、学校から宿題として出ている「計算ドリル」は、

「絶対」だから「①」って書く。

自分で勉強しようと思っている「漢字ドリル」は「②」。

「ゲームをする」は、時間があればやりたいことだから「③」。

さあ、キミも書き出したこと全部を、3つのグループに仲間分けして、番号をつけてみよう！ もう1度28〜29ページにもどってね。

たいき君の例 ②

★行動 書き出しページ				
行動名	数字に変身！	どのくらいかかる？	いつまで？	順番
☐ ゲームをする	毎日	30分	―	③
☐ テレビを見る	毎日	1時間	―	②
☐ サッカーを見に行く	1回	4時間	10/31	②
☐ 映画を見る	1回	2時間	11/3	③
☐ 家族での旅行	1回	2日	10/10	①
☐ スイミング	毎週	1時間	―	①
☐ 計算ドリル	2回	30分	10/7	①
☐ 漢字ドリル	10回	30分	10/31	②
☐				

計画表に書いてみよう！

───まずは、「決まっている」ことを先に書く

さあ、これで計画表をつくる準備は、万端。材料は整った。
31ページを開いて実際に書いていこう。まずは、**計画表の「日付」の記入から。**

この練習帳はいつでも使えるように日付は自分で書き入れるようになっているよ。

49日分の日付を書き終わったら、次に、**毎日やることを書こう。**
起きる時間、寝る時間などをしっかり計画して先に入れてしまうよ。早寝、早起きが成功の秘訣。
毎日の「起きる」「ねる」「朝ご飯」「昼ご飯」「夕ご飯」「お風呂」は**特別シールをつくったから、シールをはるだけだ。カンタンでしょ！**

たとえば、朝6時に起きるなら、6時のところにシールをはる。

朝ご飯が7時からなら、そこにもシールをはろう。昼ご飯、夕ご飯、お風呂も同じようにやってみよう！

　いっぺんに49日分やるのが大変だったら、1週間分やってみて。それを毎週、くりかえし続けていけばいいんだよ。

　平日だったら、学校に行く時刻や帰宅する時刻も、今の時点で書いておくよ。

　できた？　次に28ページに書いた中から、曜日と時間が決まっているものがあったら、先に書こう。日時が決まっていて、変更できないもの、たとえば野球の練習とか、ピアノのおけいことか。

　先に書くことには、もう1つ、「決まっている特別イベント」があるよ。たとえば、家族旅行とか、クラブの合宿とか、塾の集中講座とか。**もう決まっている計画は、先に書いてしまおうね。**

その時間は、他の用事には使えないから、先に書いて、自分の時間を先に予約してしまうんだ。

こんなふうに書いてね！

スイミング

　ここで忘れちゃいけないのが、チェック！をすること。「行動書き出しページ」から**計画表に移したものは、左のチェックボックスに「レ」を書き入れようね。**終わった、というしるしだよ。

こんなふうにチェック！

✓ スイミング	毎週	1時間	―	①
計算ドリル	2回	30分	10/7	①
ドリル	10回	30分	10/31	②

ステップ6 計画は楽しいパズル合わせ！

———空いている時間に行動計画を書き込む

　ここからは、パズル合わせ。**パズルをはめていくのと同じ。楽しいよ。**ちょっとした頭の体操にもなる。

　28ページに、キミのやりたいこと、やらなきゃいけないことは全部書いてある。毎日やろうかな、何時にやろうかな、って楽しく考えながら、計画表に書いていく。**空いている時間に、やりたいことパズルをはめていくんだよ。**

　最初は「順番」の欄で、「絶対」の①をつけたものから書き入れていくよ。①の中でも、**「数字に変身！」の回数の多いものから順番に入れていくのがポイント。**

　「毎日」と書いてあるものが、一番回数が多いから、みどりちゃんはまず「日記」を書く時間を計画表に書いていくことにした。

　どの時間に書こうかな？　みどりちゃんは、毎日夕方の5時から5時30分の時間に、書くことにしたよ。

　次に「数字に変身！」で数が多いものは何かな？

　みどりちゃんの場合は、「計算ドリル」で20回。これを計画表に書いていく。どの日に書くかも考えなくちゃね。

　そのときに、頭に入れておかなければいけないのが、ステップ

1で数えた**「使える日数が何日あるか」**なんだ。

　たとえば、みどりちゃんの場合、夏休み中に自分が計画できる日は22日間だった。これを**「手持ちの日数」**という。「計算ドリル」は「いつまで？」のところに8月31日までと書いてある。

　22日の手持ちで、20回分やるのだから、ほとんどすべての「手持ちの日」に「計算ドリル」を入れていく必要があるよね。別に同じ時間でなくてもいい。**やりたい時間に書く。**

　みどりちゃんは、7月27日から毎日、朝8時から30分やると決めた。その場合は、7月27日の8時から8時30分のところ、28日の8時から8時30分のところっていうふうに、1日ごとに書いていく。

みどりちゃんの例 ⑤

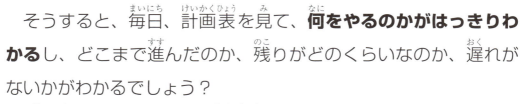

　ここで大切なのは、「計算ドリル」と書かないで、「計算ドリル1」「計算ドリル2」って、「計算ドリル20」まで、**ドリルの番号や、その日にやるページ番号を具体的に書くこと。**

　そうすると、毎日、計画表を見て、**何をやるのかがはっきりわかる**し、どこまで進んだのか、残りがどのくらいなのか、遅れがないかがわかるでしょう？

　次に書きたいのは、**「自由研究」のような大きなプロジェクト。**

　バラバラ作戦で分解してみたら、博物館に見学に行くのが3時間で1回。その前に30分が3回。見学の後に30分が7回必要だ。

　そうすると、まずは、いつ博物館に行くのかを決めてから、他の計画を表に入れていく必要があるみたいだね。

　「博物館に見学に行く」みたいに1人でできないことは、一緒に行く大人の都合を聞いて、曜日や時間を決める必要があるよね。

　自分だけで決められないものは、勝手に計画を立てないで、**相手の人に聞いてから、実行できる計画を書こうね。**

　相談した結果、博物館へ行くのが8月4日に決まったら、8月3日までに30分を3回、どこかに書こう。そして、8月5日以降で7回、空いている時間を探して書くよ。

みどりちゃんの例 ⑥

☐ 自由研究のテーマを決める	1回	30分	8/3	①
☐ テーマ内容を調べる	2回	30分	8/3	①
☐ 博物館に見学に行く	1回	3時間	8/4	①
☐ 調べたものをまとめる	3回	30分	8/31	①
☐ まとめたものを表にする	3回	30分	8/31	①
☐ 発表の練習をする	1回	30分	8/31	①

　みどりちゃんは、「復習理科問題」を10ページやろうというのも書いていた。22日の手持ちで10ページだから、毎日やったら12日あまる。やらない日があっても大丈夫だね。1日おきにやるという計画でもいいんだ。

いつやるのかは、キミが決めればいい。パズルだと思って、空いている時間に入れるだけ。**カンタン、カンタン。**
　計画を入れるときは、土曜日や日曜日はあまり入れないでおくとか、**曜日も考えて書く**といいよ。何曜日なのか、他の約束はないかを、よく見ながら書くと実行しやすいよ。
　最後に、行動書き出しページから計画表に移したら、チェックボックスにチェックをつけよう。まだパズルにはめていない行動がどれかがすぐわかるようにね。
　①のグループが終わったら②。②のグループが終わったら③だよ。
　毎日、何も書いてない欄が2つくらいはあったほうがいいよ。

ステップ7 キミが主役。やり直してもOK！

――次の日以後の空いている時間に移すだけ

さあ、①から③まで、28ページに書き出したことはすべて計画表に入れ込めたかな？　もう計画はバッチリ！　やる気も満点！
後は、**毎日計画表は開いたままにしておいて、いつも見ながら行動するだけ。**

突然、友達が遊びに来たとか、いきなりプールに誘われたとか、思いがけないことが起きて計画どおりにできなくっても、大丈夫。「計画どおりじゃない！」って悲しむ必要はないよ。**そのときは、楽しんで、もう一度、計画を立て直せばいいんだから。**

「いつまで？」に書いた目標の日までに完成できるなら、自分の考えで、移動するのはOK。

計画を立てる力は、毎日の訓練で養われる。野球やサッカー、バレーや自転車、みんな同じ。**何度も何度もくりかえすと、身についていく。**

できなかったことは、その日のうちに、**他の日の空いている時間にずらそう。**もう一度、パズルを他の日の空いているところにはめればいい。

たとえば、8月23日 11:00 から 11:30 に「国語ドリル9」をやる計画だったとしよう。でも、できなかった。

そうしたら、**30分空いているところを探せばいいんだ。**
　みどりちゃんの場合は、8月24日の8:30－9:00も、夕方の4:00－5:00も空いている。8月26日の11:30－12:00も空き。
　そのどこにでも30分は、バッチリはまるから、日時を選んで**移動させればいいんだよ。**

　自分がやることの全体像がイメージできたり、どのくらいの分量かがわかったり、バラバラに分解できて、数字に変身させられて、計画パズルができるようになった**キミは、本当にスゴイ。**

　この計画表って、キミの毎日のドラマの台本みたいなものだよね。主人公は、誰かな？　そう、**主人公はキミなんだ！**
　計画表に従うんじゃなくて、キミが計画表を使って、最高の毎日をつくり出す主役なんだ。
　キミの毎日は、キミの力で、どんなにでも楽しくできる。どれだけたくさんの勉強だって、遊びだってできるんだ。
　キミの人生は、キミが主役。自分のために、自分で計画を立て、自分のために計画したことをやり遂げる。達成したときには、**ものすごくいい気持ちになるよ！**
応援しているよ！

★行動 書き出しページ

行動名	数字に変身！	どのくらいかかる？	いつまで？	順番
☐				
☐				
☐				
☐				
☐				
☐				
☐				
☐				
☐				
☐				
☐				
☐				
☐				
☐				
☐				
☐				
☐				
☐				
☐				
☐				

★行動 書き出しページ

行動名	数字に変身！	どのくらいかかる？	いつまで？	順番
☐				
☐				
☐				
☐				
☐				
☐				
☐				
☐				
☐				
☐				
☐				
☐				
☐				
☐				
☐				
☐				

チェックボックスに全部チェックできた？
各週の前に「行動書き出しページ」があるよ。
新しく「やりたいこと」「やらなきゃいけないこと」ができたら使ってね。書き出したら、その日のうちに、いつやるかを決めて計画表に入れようね！

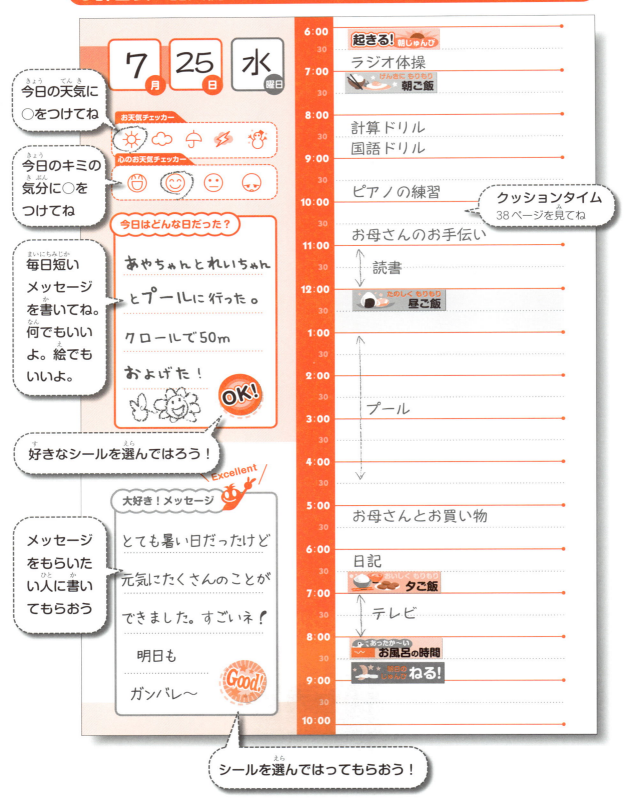

| 6:00 |
| 30 |
| 7:00 |
| 30 |
| 8:00 |
| 30 |
| 9:00 |
| 30 |
| 10:00 |
| 30 |
| 11:00 |
| 30 |
| 12:00 |
| 30 |
| 1:00 |
| 30 |
| 2:00 |
| 30 |
| 3:00 |
| 30 |
| 4:00 |
| 30 |
| 5:00 |
| 30 |
| 6:00 |
| 30 |
| 7:00 |
| 30 |
| 8:00 |
| 30 |
| 9:00 |
| 30 |
| 10:00 |

| 6:00 |
| 30 |
| 7:00 |
| 30 |
| 8:00 |
| 30 |
| 9:00 |
| 30 |
| 10:00 |
| 30 |
| 11:00 |
| 30 |
| 12:00 |
| 30 |
| 1:00 |
| 30 |
| 2:00 |
| 30 |
| 3:00 |
| 30 |
| 4:00 |
| 30 |
| 5:00 |
| 30 |
| 6:00 |
| 30 |
| 7:00 |
| 30 |
| 8:00 |
| 30 |
| 9:00 |
| 30 |
| 10:00 |

6:00	
30	
7:00	
30	
8:00	
30	
9:00	
30	
10:00	
30	
11:00	
30	
12:00	
30	
1:00	
30	
2:00	
30	
3:00	
30	
4:00	
30	
5:00	
30	
6:00	
30	
7:00	
30	
8:00	
30	
9:00	
30	
10:00	

6:00	
30	
7:00	
30	
8:00	
30	
9:00	
30	
10:00	
30	
11:00	
30	
12:00	
30	
1:00	
30	
2:00	
30	
3:00	
30	
4:00	
30	
5:00	
30	
6:00	
30	
7:00	
30	
8:00	
30	
9:00	
30	
10:00	

| | 月 | 日 | 曜日 |

お天気チェッカー

心のお天気チェッカー

今日はどんな日だった？

Get!

\ Excellent /

大好き！メッセージ

Get!

6:00
30
7:00
30
8:00
30
9:00
30
10:00
30
11:00
30
12:00
30
1:00
30
2:00
30
3:00
30
4:00
30
5:00
30
6:00
30
7:00
30
8:00
30
9:00
30
10:00

6:00	
30	
7:00	
30	
8:00	
30	
9:00	
30	
10:00	
30	
11:00	
30	
12:00	
30	
1:00	
30	
2:00	
30	
3:00	
30	
4:00	
30	
5:00	
30	
6:00	
30	
7:00	
30	
8:00	
30	
9:00	
30	
10:00	

6:00	
7:00	
8:00	
9:00	
10:00	
11:00	
12:00	
1:00	
2:00	
3:00	
4:00	
5:00	
6:00	
7:00	
8:00	
9:00	
10:00	

1週間達成！

★クッションタイムが計画のコツ！

クッションタイムというのは、「調節タイム」のこと。
計画を立てるとき、毎日の30分わくをすべてうめてしまうのは、上手な計画とは言えないんだ。なぜなら、それだと困ったときに余裕がないから。

思ったより勉強に時間がかかったり、親戚が急に遊びに来たり、すべてが計画どおりに進むとは限らないでしょう？

クッションタイムは、何にでも使える予備の時間として必要なんだ。 もし、予定どおりに計画が終わっていたら、クッションタイムは、キミの自由時間にすればいい。

計画と計画の間すべてに、クッションタイムをはさむ必要はないけれども、**ところどころに30分のクッションタイムをはさんでおこう。** 毎日2〜3カ所あるといいな。

きっと余裕のある楽しい毎日になるよ。

こっこれが伝説の‥‥

ワオン！
達成カード／01
GET！だワン！
全部で7枚あるワン！
キミもいっしょに
全部集めてみる
ワン！

★行動 書き出しページ

行動名	数字に変身！	どのくらいかかる？	いつまで？	順番
☐				
☐				
☐				
☐				
☐				
☐				
☐				
☐				
☐				
☐				
☐				
☐				
☐				
☐				
☐				
☐				
☐				
☐				
☐				
☐				

6:00	
30	
7:00	
30	
8:00	
30	
9:00	
30	
10:00	
30	
11:00	
30	
12:00	
30	
1:00	
30	
2:00	
30	
3:00	
30	
4:00	
30	
5:00	
30	
6:00	
30	
7:00	
30	
8:00	
30	
9:00	
30	
10:00	

6:00	
30	
7:00	
30	
8:00	
30	
9:00	
30	
10:00	
30	
11:00	
30	
12:00	
30	
1:00	
30	
2:00	
30	
3:00	
30	
4:00	
30	
5:00	
30	
6:00	
30	
7:00	
30	
8:00	
30	
9:00	
30	
10:00	

月	日	曜日

お天気チェッカー

心のお天気チェッカー

今日はどんな日だった？

Get!

\ Excellent /

大好き！メッセージ

Get!

6:00
30
7:00
30
8:00
30
9:00
30
10:00
30
11:00
30
12:00
30
1:00
30
2:00
30
3:00
30
4:00
30
5:00
30
6:00
30
7:00
30
8:00
30
9:00
30
10:00

月 日 曜日

お天気チェッカー

心のお天気チェッカー

今日はどんな日だった？

Get!

\ Excellent /

大好き！メッセージ

Get!

6:00	
30	
7:00	
30	
8:00	
30	
9:00	
30	
10:00	
30	
11:00	
30	
12:00	
30	
1:00	
30	
2:00	
30	
3:00	
30	
4:00	
30	
5:00	
30	
6:00	
30	
7:00	
30	
8:00	
30	
9:00	
30	
10:00	

6:00	
30	
7:00	
30	
8:00	
30	
9:00	
30	
10:00	
30	
11:00	
30	
12:00	
30	
1:00	
30	
2:00	
30	
3:00	
30	
4:00	
30	
5:00	
30	
6:00	
30	
7:00	
30	
8:00	
30	
9:00	
30	
10:00	

今日はどんな日だった？

Get!

\ Excellent /

大好き！メッセージ

Get!

6:00
30
7:00
30
8:00
30
9:00
30
10:00
30
11:00
30
12:00
30
1:00
30
2:00
30
3:00
30
4:00
30
5:00
30
6:00
30
7:00
30
8:00
30
9:00
30
10:00

6:00	
30	
7:00	
30	
8:00	
30	
9:00	
30	
10:00	
30	
11:00	
30	
12:00	
30	
1:00	
30	
2:00	
30	
3:00	
30	
4:00	
30	
5:00	
30	
6:00	
30	
7:00	
30	
8:00	
30	
9:00	
30	
10:00	

2週間達成！

★計画表はいつも開いておこう！

計画を立てるのが大好きになったら、後は、そのとおりに行動するだけ。**行動するコツは、その日の計画表のページをいつも開いておくこと。**

計画表を開いて机の上に置いておくんだ。
朝起きたらすぐに「見る」。お昼ご飯を食べたら、また「見る」。

いつも、自分が書いた計画表と時計を見て、自分の行動を進めていくといいんだよ。**カンタンだね。**

そして、できたら、やったね！って、自分で自分のことをたくさんほめてあげよう。

★グングン自信がつく方法

「自信がないよ」なんて言っている子に会うことがあるけれども、もったいない！　**自信って、カンタンにつけられるんだよ。**

自分の決めたことができたときって、「すごい！」「やった！」っていう気持ちになるよね。

「私ってなかなかやるじゃん」「ぼくって、結構できる」。そんなふうに思えたとき、自分を信じることができるでしょう。

「自」分を「信」じること＝これが「自信」。

つまり、**自分が決めた、自分との約束を守る。**カンタンでしょう？

このくりかえしで、自分は約束を守る人なんだ、って自分を信じることができるようになって、自信がつくんだよ。

自信は、座っていても、やって来ない。まずは、できる計画を立てる。そして、計画どおりに行動していこう。

ワオン！
達成カード／02 GET！だワン！
このちょうしで
ガンバルワン！

★行動 書き出しページ

行動名	数字に変身！	どのくらいかかる？	いつまで？	順番
☐				
☐				
☐				
☐				
☐				
☐				
☐				
☐				
☐				
☐				
☐				
☐				
☐				
☐				
☐				
☐				
☐				
☐				
☐				
☐				
☐				

月	
日	
曜日	

お天気チェッカー

心のお天気チェッカー

今日はどんな日だった？

Get!

\ Excellent /

大好き！メッセージ

Get!

6:00
30
7:00
30
8:00
30
9:00
30
10:00
30
11:00
30
12:00
30
1:00
30
2:00
30
3:00
30
4:00
30
5:00
30
6:00
30
7:00
30
8:00
30
9:00
30
10:00

| 月 | 日 | 曜日 |

お天気チェッカー

心のお天気チェッカー

今日はどんな日だった？

Get!

\ Excellent /

大好き！メッセージ

Get!

6:00
30
7:00
30
8:00
30
9:00
30
10:00
30
11:00
30
12:00
30
1:00
30
2:00
30
3:00
30
4:00
30
5:00
30
6:00
30
7:00
30
8:00
30
9:00
30
10:00

6:00	
30	
7:00	
30	
8:00	
30	
9:00	
30	
10:00	
30	
11:00	
30	
12:00	
30	
1:00	
30	
2:00	
30	
3:00	
30	
4:00	
30	
5:00	
30	
6:00	
30	
7:00	
30	
8:00	
30	
9:00	
30	
10:00	

6:00	
30	
7:00	
30	
8:00	
30	
9:00	
30	
10:00	
30	
11:00	
30	
12:00	
30	
1:00	
30	
2:00	
30	
3:00	
30	
4:00	
30	
5:00	
30	
6:00	
30	
7:00	
30	
8:00	
30	
9:00	
30	
10:00	

| 月 | 日 | 曜日 |

お天気チェッカー

心のお天気チェッカー

今日はどんな日だった？

Get!

Excellent

大好き！メッセージ

Get!

| 6:00 |
| 30 |
| 7:00 |
| 30 |
| 8:00 |
| 30 |
| 9:00 |
| 30 |
| 10:00 |
| 30 |
| 11:00 |
| 30 |
| 12:00 |
| 30 |
| 1:00 |
| 30 |
| 2:00 |
| 30 |
| 3:00 |
| 30 |
| 4:00 |
| 30 |
| 5:00 |
| 30 |
| 6:00 |
| 30 |
| 7:00 |
| 30 |
| 8:00 |
| 30 |
| 9:00 |
| 30 |
| 10:00 |

時刻	
6:00	
30	
7:00	
30	
8:00	
30	
9:00	
30	
10:00	
30	
11:00	
30	
12:00	
30	
1:00	
30	
2:00	
30	
3:00	
30	
4:00	
30	
5:00	
30	
6:00	
30	
7:00	
30	
8:00	
30	
9:00	
30	
10:00	

3週間達成！

★自分が主役の映画の脚本を書く！

映画に出てみたい、映画スターになってみたい、なんて思ったことないかな。

計画を立てて、それを実行することは、実は、キミが主人公の物語をつくっているってことなんだよ。この練習帳に、映画の脚本を書くみたいに、自分の毎日の物語を書くことができる。主役の自分が、今日という日を、どんなふうに過ごすのか。まさに物語そのものなんだ。

「時間を守る」って言っていう人もいるけれど、その約束を誰が決めたのか、が大切なポイント。自分で計画を立て、自分で決めていれば、**「自分の毎日の行動を計画する」**ことが、まさに映画の脚本なんだ。そして**キミが主役！**

　朝起きてから眠るまでの、自分を主人公にした1日の物語を楽しく書いて欲しいと思う。計画を立てて、そのとおりに行動すると、キミが主役の映画で、主人公であるキミが、書かれた物語どおりに主役を演じているってこと。かっこいい！　それに自分で、自分の物語が書けるなんて、すごくいいことじゃない？　計画を立てて守ると、毎日が楽しくなるよ。

　もう1つのいいことは、**計画どおりに行動できると、時間を守ることができる。そうすると、友達や、家族から信じてもらえるようになる**こと。友達も増えるし、信頼も深まるんだ。例えば、友達との待ち合わせの時刻を守る。お母さんと約束した片づけを、ちゃんと終わらせる。時間を決めて行動すると、みんなにも信頼してもらえるんだね。**ね、いいことばかりでしょう！**

ワオン！
達成カード
03 GET！だワン！
まだまだ
いけるワン！

★行動 書き出しページ

行動名	数字に変身！	どのくらいかかる？	いつまで？	順番
☐				
☐				
☐				
☐				
☐				
☐				
☐				
☐				
☐				
☐				
☐				
☐				
☐				
☐				
☐				
☐				
☐				
☐				
☐				
☐				

6:00	
30	
7:00	
30	
8:00	
30	
9:00	
30	
10:00	
30	
11:00	
30	
12:00	
30	
1:00	
30	
2:00	
30	
3:00	
30	
4:00	
30	
5:00	
30	
6:00	
30	
7:00	
30	
8:00	
30	
9:00	
30	
10:00	

6:00	
30	
7:00	
30	
8:00	
30	
9:00	
30	
10:00	
30	
11:00	
30	
12:00	
30	
1:00	
30	
2:00	
30	
3:00	
30	
4:00	
30	
5:00	
30	
6:00	
30	
7:00	
30	
8:00	
30	
9:00	
30	
10:00	

6:00	
30	
7:00	
30	
8:00	
30	
9:00	
30	
10:00	
30	
11:00	
30	
12:00	
30	
1:00	
30	
2:00	
30	
3:00	
30	
4:00	
30	
5:00	
30	
6:00	
30	
7:00	
30	
8:00	
30	
9:00	
30	
10:00	

| 月 | 日 | 曜日 |

お天気チェッカー

心のお天気チェッカー

今日はどんな日だった？

Get!

\ Excellent /

大好き！メッセージ

Get!

| 6:00 |
| 30 |
| 7:00 |
| 30 |
| 8:00 |
| 30 |
| 9:00 |
| 30 |
| 10:00 |
| 30 |
| 11:00 |
| 30 |
| 12:00 |
| 30 |
| 1:00 |
| 30 |
| 2:00 |
| 30 |
| 3:00 |
| 30 |
| 4:00 |
| 30 |
| 5:00 |
| 30 |
| 6:00 |
| 30 |
| 7:00 |
| 30 |
| 8:00 |
| 30 |
| 9:00 |
| 30 |
| 10:00 |

| 6:00 |
| 30 |
| 7:00 |
| 30 |
| 8:00 |
| 30 |
| 9:00 |
| 30 |
| 10:00 |
| 30 |
| 11:00 |
| 30 |
| 12:00 |
| 30 |
| 1:00 |
| 30 |
| 2:00 |
| 30 |
| 3:00 |
| 30 |
| 4:00 |
| 30 |
| 5:00 |
| 30 |
| 6:00 |
| 30 |
| 7:00 |
| 30 |
| 8:00 |
| 30 |
| 9:00 |
| 30 |
| 10:00 |

★生活のリズムを整えて やる気が続く人になろう！

やる気が続く人って、どんなことをしている人か知ってる？　元気があふれている人なんだ。

その元気をつくるヒミツは、意外とカンタン。朝、早起きをする。毎日、朝ご飯、昼ご飯、夕ご飯と3食しっかり、バランス良く食べる。夜は早めに眠る、ということ。

とっても単純なことに思えるけど、これを毎日続けると、やる気が続くんだよ。新しいことにも挑戦したくなるし、ちょっと嫌なことがあっても、乗り越えることができる。

やる気って、元気のこと。元気な体、元気な心が、元気な頭とやる気をつくりだすんだよ。

キミは毎日、何時に起きてる？　朝ごはん、何を食べてる？　しっかりご飯や野菜、食べてるかな？　朝は、一番たくさん食べるといいんだよ。バランス良く食べてね。そして夜は、早く眠ろう。眠っている間に、勉強したことが脳にしまわれるんだ。だから、しっかり眠ろうね。

この練習帳にシールがたくさんついているのは、生活のリズムを規則正しくすることが、計画を実行できる人になるために、一

番大切なことだから。まず、勉強や遊びの計画を立てる前に、生活のシールをはって、その時間を確保してほしいんだ。この日はどんな日かな、と考えながら、最初に楽しくはってね！

「早寝、早起き、朝ご飯」を大切にして、これからも、元気な体と心で、計画を立てて、元気な頭とやる気で、毎日をハッピーにしていこうね。

★行動 書き出しページ

行動名	数字に変身！	どのくらいかかる？	いつまで？	順番
☐				
☐				
☐				
☐				
☐				
☐				
☐				
☐				
☐				
☐				
☐				
☐				
☐				
☐				
☐				
☐				
☐				
☐				
☐				
☐				

| 6:00 |
| 30 |
| 7:00 |
| 30 |
| 8:00 |
| 30 |
| 9:00 |
| 30 |
| 10:00 |
| 30 |
| 11:00 |
| 30 |
| 12:00 |
| 30 |
| 1:00 |
| 30 |
| 2:00 |
| 30 |
| 3:00 |
| 30 |
| 4:00 |
| 30 |
| 5:00 |
| 30 |
| 6:00 |
| 30 |
| 7:00 |
| 30 |
| 8:00 |
| 30 |
| 9:00 |
| 30 |
| 10:00 |

6:00	
30	
7:00	
30	
8:00	
30	
9:00	
30	
10:00	
30	
11:00	
30	
12:00	
30	
1:00	
30	
2:00	
30	
3:00	
30	
4:00	
30	
5:00	
30	
6:00	
30	
7:00	
30	
8:00	
30	
9:00	
30	
10:00	

時刻	
6:00	
30	
7:00	
30	
8:00	
30	
9:00	
30	
10:00	
30	
11:00	
30	
12:00	
30	
1:00	
30	
2:00	
30	
3:00	
30	
4:00	
30	
5:00	
30	
6:00	
30	
7:00	
30	
8:00	
30	
9:00	
30	
10:00	

5週間 達成！

★続けるための３つの約束

計画を立てて実行することって、とっても楽しいことだってわかってきたかな。それとも、今日までに何かうまくいかないことがあったかな。毎日が練習だから、ここまでできているキミは、すごいと思うよ！ 次の３つを大切にして、これからも楽しく続けていこうね。

１：本気になる

　好きなことって、続けられるよね。大好きな遊びは、毎日でも続けたい。そして、続けるから上手になる。計画を立てることも、同じなんだ。続けると、上手になる。だからこの練習帳をいつも机の上に開いておいて、何度も見ながら行動してみて欲しい。本気で取り組めば、楽しいし、上手になるんだよ。

ワオン！
達成カード
05 GET！だワン！
もっともっと
ほしいワン！

2：何度でも、やり直しOKだよ

　計画を立てたとおりにできない日もあるよね。それでも、大丈夫。何もがっかりすることはないんだ。計画を立てるときに一番大切なのは、「自分で計画する」こと。お母さんやお父さんでなく、キミが、自分の物語を書く。だから、初めから上手に書けるわけがない。計画したのに、できないことがあったら、明日のところに書き直そう。何度書き直してもいい。しめ切りまでに終わるように、キミが考えて、計画してね。やり直ししながら、上手になるんだよ！

3：楽しむ。喜ぶ！

　だから、計画を立てること、楽しもうね。計画を立てて、そのとおりに行動していくと、実はとっても楽しい。思いどおりに、計画どおりに、どんどん進んでいくと、うれしい。この、「楽しい！」「うれしい！」という気持ちが、続けていくためのしかけなんだ。計画を立てる目的は、「自分をハッピーにすること」。夜、眠るときに、「今日もいい日だったな」と思えるように！　計画どおりにできた日は、嬉しいから、明日も計画する。続ける秘けつは、毎日、楽しむこと！

★行動 書き出しページ

行動名	数字に変身！	どのくらいかかる？	いつまで？	順番
☐				
☐				
☐				
☐				
☐				
☐				
☐				
☐				
☐				
☐				
☐				
☐				
☐				
☐				
☐				
☐				
☐				
☐				
☐				
☐				

6:00	
30	
7:00	
30	
8:00	
30	
9:00	
30	
10:00	
30	
11:00	
30	
12:00	
30	
1:00	
30	
2:00	
30	
3:00	
30	
4:00	
30	
5:00	
30	
6:00	
30	
7:00	
30	
8:00	
30	
9:00	
30	
10:00	

| 6:00 |
| 30 |
| 7:00 |
| 30 |
| 8:00 |
| 30 |
| 9:00 |
| 30 |
| 10:00 |
| 30 |
| 11:00 |
| 30 |
| 12:00 |
| 30 |
| 1:00 |
| 30 |
| 2:00 |
| 30 |
| 3:00 |
| 30 |
| 4:00 |
| 30 |
| 5:00 |
| 30 |
| 6:00 |
| 30 |
| 7:00 |
| 30 |
| 8:00 |
| 30 |
| 9:00 |
| 30 |
| 10:00 |

| 6:00 |
| 30 |
| 7:00 |
| 30 |
| 8:00 |
| 30 |
| 9:00 |
| 30 |
| 10:00 |
| 30 |
| 11:00 |
| 30 |
| 12:00 |
| 30 |
| 1:00 |
| 30 |
| 2:00 |
| 30 |
| 3:00 |
| 30 |
| 4:00 |
| 30 |
| 5:00 |
| 30 |
| 6:00 |
| 30 |
| 7:00 |
| 30 |
| 8:00 |
| 30 |
| 9:00 |
| 30 |
| 10:00 |

6:00	
30	
7:00	
30	
8:00	
30	
9:00	
30	
10:00	
30	
11:00	
30	
12:00	
30	
1:00	
30	
2:00	
30	
3:00	
30	
4:00	
30	
5:00	
30	
6:00	
30	
7:00	
30	
8:00	
30	
9:00	
30	
10:00	

| 月 | 日 | 曜日 |

お天気チェッカー

心のお天気チェッカー

今日はどんな日だった？

Get!

\ Excellent /
大好き！メッセージ

Get!

6:00
30
7:00
30
8:00
30
9:00
30
10:00
30
11:00
30
12:00
30
1:00
30
2:00
30
3:00
30
4:00
30
5:00
30
6:00
30
7:00
30
8:00
30
9:00
30
10:00

| 月 | 日 | 曜日 |

お天気チェッカー

心のお天気チェッカー

今日はどんな日だった？

Get!

\ Excellent /
大好き！メッセージ

Get!

6:00
30
7:00
30
8:00
30
9:00
30
10:00
30
11:00
30
12:00
30
1:00
30
2:00
30
3:00
30
4:00
30
5:00
30
6:00
30
7:00
30
8:00
30
9:00
30
10:00

| 6:00 |
| 30 |
| 7:00 |
| 30 |
| 8:00 |
| 30 |
| 9:00 |
| 30 |
| 10:00 |
| 30 |
| 11:00 |
| 30 |
| 12:00 |
| 30 |
| 1:00 |
| 30 |
| 2:00 |
| 30 |
| 3:00 |
| 30 |
| 4:00 |
| 30 |
| 5:00 |
| 30 |
| 6:00 |
| 30 |
| 7:00 |
| 30 |
| 8:00 |
| 30 |
| 9:00 |
| 30 |
| 10:00 |

6週間 達成！

★やる気が続くひみつは、毎日の達成感！

この手帳を使って6週間がたったね。本当にすごい！
毎日、1つでも、2つでも、できることがあったかな。それとも、もしかすると毎日できることが増えてきているかな。毎日続けることで、上達していくし、できることが増えていくから、楽しみながら続けて欲しいと思ってるよ。

じゃあ、楽しむって、どういうことだろう？

それは、うまく行ったり、計画どおりできたことを、しっかりと確認するということなんだ。「できるのが当たり前」という人がいるけど、それは違う。すごいことなんだ！「計画どおりできた」ということは、キミが、しっかり行動した結果なんだよ。だから、ものすごく自分をほめてあげた方がいい。「すごいぞ、自分！」って、ひとつひとつ、

できたことを、確認して、ほめる。そうやって毎日、楽しいこと、うれしいこと、うまく行ったことを見つけて、認めたり、喜んだりすることが、実はとっても大切な「やる気」の原料なんだ。

自分の持っている時間が見えてきて、やりたいことと、時間との関係が見えるようになっても、まだまだ全部ができることはないかもしれない。でもそれでいい。できたところに焦点を当てて、できていないところは、「やり直しOK」が約束の1つなのだから、計画し直せばいい。自分の物語の脚本だから、できなかったところを、できる時間に、今のうちに動かして、書き直してみたらいいよ。

今週や、来週までのしめ切りや、1つの目標に向かっているとしたら、いままでが計画どおりだったか、ふり返ってみるといい時期かもしれないね。

毎日できたところにシールをはったり、花丸をつけて、たくさん自分をほめて、笑顔で続けてね！

★行動 書き出しページ

行動名	数字に変身！	どのくらいかかる？	いつまで？	順番
☐				
☐				
☐				
☐				
☐				
☐				
☐				
☐				
☐				
☐				
☐				
☐				
☐				
☐				
☐				
☐				
☐				
☐				
☐				
☐				
☐				

月 日 曜日

お天気チェッカー

心のお天気チェッカー

今日はどんな日だった？

Get!

Excellent

大好き！メッセージ

Get!

6:00	
30	
7:00	
30	
8:00	
30	
9:00	
30	
10:00	
30	
11:00	
30	
12:00	
30	
1:00	
30	
2:00	
30	
3:00	
30	
4:00	
30	
5:00	
30	
6:00	
30	
7:00	
30	
8:00	
30	
9:00	
30	
10:00	

6:00	
30	
7:00	
30	
8:00	
30	
9:00	
30	
10:00	
30	
11:00	
30	
12:00	
30	
1:00	
30	
2:00	
30	
3:00	
30	
4:00	
30	
5:00	
30	
6:00	
30	
7:00	
30	
8:00	
30	
9:00	
30	
10:00	

6:00	
30	
7:00	
30	
8:00	
30	
9:00	
30	
10:00	
30	
11:00	
30	
12:00	
30	
1:00	
30	
2:00	
30	
3:00	
30	
4:00	
30	
5:00	
30	
6:00	
30	
7:00	
30	
8:00	
30	
9:00	
30	
10:00	

| 月 | 日 | 曜日 |

お天気チェッカー

心のお天気チェッカー

今日はどんな日だった？

Get!

\ Excellent /

大好き！メッセージ

Get!

6:00
30
7:00
30
8:00
30
9:00
30
10:00
30
11:00
30
12:00
30
1:00
30
2:00
30
3:00
30
4:00
30
5:00
30
6:00
30
7:00
30
8:00
30
9:00
30
10:00

- 6:00
- 30
- 7:00
- 30
- 8:00
- 30
- 9:00
- 30
- 10:00
- 30
- 11:00
- 30
- 12:00
- 30
- 1:00
- 30
- 2:00
- 30
- 3:00
- 30
- 4:00
- 30
- 5:00
- 30
- 6:00
- 30
- 7:00
- 30
- 8:00
- 30
- 9:00
- 30
- 10:00

6:00	
30	
7:00	
30	
8:00	
30	
9:00	
30	
10:00	
30	
11:00	
30	
12:00	
30	
1:00	
30	
2:00	
30	
3:00	
30	
4:00	
30	
5:00	
30	
6:00	
30	
7:00	
30	
8:00	
30	
9:00	
30	
10:00	

★夢をかなえる方法

おめでとう！ 49日間、キミは計画を立てて、毎日行動してきたね。本当に、よくやったと思う。

「毎日続ける」って、大切なこと。習慣になっていくことで、本当に「計画力」がキミの力になる。これからも続けていこうね。

この練習帳では、学校の勉強や習い事などを計画してきたけれど、最後に、**キミの夢を実現させる方法を教えてあげよう**。たとえば、「ピアニストになる」「学校の先生になる」「英語テスト３級をとる」などという夢があるとするよ。そうしたら、**その夢がかなったら、どれだけうれしいかを想像して絵に描くんだ**。絵に描けないことなら、写真を見つけてきてもいいよ。

自分の夢がかなったときの感激をイメージできる絵や写真を用意する。この絵や写真を見ているだけで、まるでもう夢がかなったみたいにワクワクするものだよ。

こういう絵や写真といった映像を**「ビジョン」**って言うんだ。このビジョンがしっかり目に焼きついていると夢に近づける。**これを見るたびに「やる気」が出る**。

次に、「バラバラ作戦」で分解するんだ。キミの夢の実現までに何をしたらいいのかを全部書き出してみる。

ステップ２でやったのと同じだよ。そして、「数字に変身！」も一緒に書いてしまおう。大きな夢のときには、

「順番」の項目だけ、違う使い方をするよ。どれから最初にやるか、その順番を書く。

たとえば、英語テスト3級だったら、

★夢 書き出しページ				
行動名	数字に変身！	どのくらいかかる？	いつまで？	順番
□ テストの申し込み	1回	30分	9/30	①
□ 3級のテストの単語を覚える	235単語	5分	11/19	②
□ 問題集を2冊やる	40回	30分	11/19	③
□ ヒアリングテープを聞く	20回	30分	11/19	④

ピアニストだったら、

★夢 書き出しページ				
行動名	数字に変身！	どのくらいかかる？	いつまで？	順番
□ ○○コンクールに出場	1回	ー	2015年	③
□ △△コンクールに出場	1回	ー	2016年	④
□ □□曲を弾けるようになる	1回	ー	2010年8/31	②
□ 毎日練習する	毎日	30分	ー	①

　数字に変身させて、目標を設定する。目標っていうのは、ビジョンを達成するための道しるべみたいなもの。自分の歩みを測る物差しでもある。

　こうした夢のバラバラ作戦を実行していくと、**今のキミがやるべきことが見えてくるんだ。**もしかすると、今日から毎日始めたほうがいいことも、わかるかもね。

　「計画力」をつけて行動する。毎日のことも、大きな夢もバッチリだ。応援しているよ。続けてみてね。

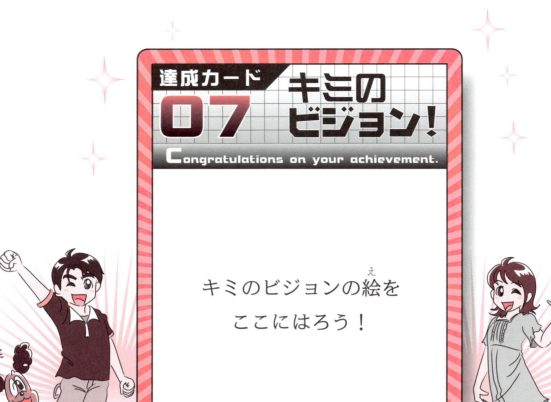

達成カード **07** キミのビジョン！
Congratulations on your achievement.

キミのビジョンの絵を
ここにはろう！

1 2 3 4 5 6 **7**

計画力
おもしろ
練習帳

★ 夢 書き出しページ

行動名	数字に変身！	どのくらいかかる？	いつまで？	順番
☐				
☐				
☐				
☐				
☐				
☐				
☐				
☐				

	月	火	水	木	金	土	日
6:00							
30							
7:00							
30							
8:00							
30							
9:00							
30							
10:00							
30							
11:00							
30							
12:00							
30							
1:00							
30							
2:00							
30							
3:00							
30							
4:00							
30							
5:00							
30							
6:00							
30							
7:00							
30							
8:00							
30							
9:00							
30							
10:00							

	月	火	水	木	金	土	日
6:00							
7:00							
8:00							
9:00							
10:00							
11:00							
12:00							
1:00							
2:00							
3:00							
4:00							
5:00							
6:00							
7:00							
8:00							
9:00							
10:00							

◆著者プロフィール

佐々木 かをり

横浜市出身。上智大学外国語学部比較文化学科卒業、米国ニューヨーク州エルマイラ大学名誉文学博士。上智大学卒業後、通訳・翻訳、トレーニング他を行う株式会社ユニカルインターナショナルを設立。2000年、株式会社イー・ウーマンを設立。新しい市場を作るためのダイバーシティコンサルティングとして商品開発、人財研修などを提供している。開発した抗酸化サプリメント「メロンリペア」はヒット商品に。毎夏、日本最大級1000人参加の「国際女性ビジネス会議」も企画・プロデュース。政界、経済界、教育界、メディアなど幅広い分野から男女リーダーが登壇。高校生からの出席もある。自身が学生時代に開発した主体性を持って時間管理をするための時間管理術「APメソッド」が人気となり、実現のための手帳「アクションプランナー」は日本に手帳ブームを作った。 全国の中学・高校でもAPメソッドで時間管理を教えている。2009年からは「表参道カレッジ」を開催し、キャリア、時間管理、健康、その他多様なテーマでの講座を提供している。小学生〜高校生の時間管理講座などもある。文部科学省中央教育審議会初等中等教育部会委員他、複数の公職、多摩大学客員教授、東京大学非常勤講師も勤めた。テレビ朝日「ニュースステーション」リポーター、TBSテレビ「CBSドキュメント」キャスター、TBS「ブロードキャスター」、フジテレビ「とくダネ!」「グッディ!」コメンテーターなどを歴任。現在は、複数の上場企業社外取締役、国立科学博物館経営委員、日本科学未来館総合監修委員、ソニー教育財団理事などを兼任。国内外での講演は1500回を超える。2009年ベストマザー賞経済部門受賞。2児の母。著書に、『自分を予約する手帳術』(ダイヤモンド社)、『なぜ、時間管理のプロは健康なのか?』(ポプラ新書)、『必ず結果を出す人の伝える技術』(PHPビジネス新書)、『お金の話を13歳でもわかるように一流のプロに聞いたら超カッキ的な経済本ができちゃいました!』(ダイヤモンド社) ほか多数。さらにお知りになりたい方は下記をご覧ください。

ユニカルインターナショナル　http://www.unicul.com/
イー・ウーマン　http://www.ewoman.jp/
国際女性ビジネス会議　http://www.women.co.jp/conf/
表参道カレッジ　http://omokare.ewoman.jp/lecture
時間管理・アクションプランナー　http://www.actionplanner.jp/
佐々木かをりフェイスブック　http://www.facebook.com/kaorisasakicom/
佐々木かをりブログ　http://www.kaorisasaki.com/
佐々木かをりツイッター　http://twitter.com/kaorisasaki/
佐々木かをり子育てコラム　http://www.itscom.net/contents/maegumi/contents/column/

計画力おもしろ練習帳 新装版

2005年7月20日　初版　第1刷発行
2010年7月10日　新訂版第1刷発行
2017年7月20日　新装版第1刷発行

著　者　——　佐々木かをり
　　　　　　　©2017 Kaori Sasaki
発行者　——　長谷川隆
発行所　——　日本能率協会マネジメントセンター
〒103-6009　東京都中央区日本橋2-7-1　東京日本橋タワー
TEL　03 (6362) 4339 (編集) ／03 (6362) 4558 (販売)
FAX　03 (3272) 8128 (編集) ／03 (3272) 8127 (販売)
http://www.jmam.co.jp/

装丁・本文デザイン・イラスト　——　齋藤　稔 (株式会社ジーラム)
写真提供 (齋藤孝氏) ——　KADOKAWA
印刷・製本所　——　シナノ書籍印刷株式会社

本書の内容の一部または全部を無断で複写複製 (コピー) することは、法律で認められた場合を除き、著作者および出版者の権利の侵害となりますので、あらかじめ小社あて許諾を求めてください。

ISBN978-4-8207-5993-5　C0037
落丁・乱丁はおとりかえします。
PRINTED IN JAPAN

保護者・指導者のみなさまへ

「主体性」と「計画力」のある子どもに育てるAPメソッド

　子育てをしていると、一番大切なことが「自ら考えて動く子ども」に育てることだろうと思います。「主体性」です。APメソッドは、ただ、計画を立てて実行するだけでなく、子どもたちが目の前のことや将来の夢や課題を自分で挑戦して解決できるようにと思って、作られています。

> ① やるべきことの全体量がわかる
> ② それらを分解して、いつやるのかを決めることができる
> ③ その通りに行動できる

　上記のような「計画力」を子どもたちが身につけるということは、自分で自分を動かすシナリオを書くことができるということ。自分で、自分をハッピーにする方法なのです。子どもの頃から、その習慣を身につけ、少しずつ上達させていったら素晴らしいと思います。

　本書は、勉強や遊びなど、「やりたいこと」「やらねばならないこと」を、子ども自身が、毎日の行動計画にして実行できるように、APメソッドを活用して計画の立て方を順序立てて教えています。宿題の期限、試験日、発表会など、一定の日付に向かっての計画の立て方、また、毎日の時間の使い方が、わかりやすく説明してあります。

　保護者のみなさんにお願いしたいことは、2つあります。1つは、褒めることです。最初から、時間管理が上手にできることはないでしょう。私は通常、このAPメソッドによる時間管理講座を、大人向けに開催しています。子ども向け、親子向けも夏冬にありますが、大人も子どもたちも毎年学びに来るのです。一度にすべてを身につけることはできないに違いありません。ですから、取り組んでいる子どもたちを、毎日褒めてあげてください。できなくてもいい。もう一度明日、挑戦しましょう。「すごいね、できたね」「いいよ、もう一度計画立て直そうか」と、子どもが、自分で考えて計画を立て、できる計画の立て方を身につけ、進んでいく楽しさを体験できるよう、応援してください。

　もう1つは、子ども自身が立てた計画を、評価・批評しないこと。大人から見ると優先順位が違っていても、子どもが自分で立てた計画を評価してはいけません。徐々に自分で発見し、優先順位を理解していくのです。練習帳を使う一番大切な目的は、自分から計画を立てる意欲を持ち、それができた時の喜びを体験することです。毎日続かなくても、1日の枠の中に、空欄がたくさんあっていいのです。少しずつ上達していく過程を、応援してあげてください。そして、ぜひ、保護者の皆さんも、APメソッドで一緒に取り組んでみませんか。

　本書を活用して1人でも多くの子どもたちが、自分の力で毎日のハッピーをつくっていくことができますように。

2017年7月

佐々木かをり

時間管理講座など詳細は：http://www.actionplanner.jp/
お問い合わせは：press@ewoman.co.jp

＜本書の構成と各ステップの内容＞

本書は、APメソッドを活用して「計画力」を子どもが7ステップで実践できるように構成されています。各ステップの内容については次の通りです。

●ステップ 1　使える日は何日あるかな？
―― 引き算で使える日を計算する

夏休み、冬休みなどは、「いっぱい休みがある」という気分になりますが、実際には、さまざまな予定があり、使える日数は少なかったりします。
「まだ1カ月ある」「まだ2週間ある」と考えるのではなく、実際に自分が計画できる日が何日あるのか、「手持ちの日数」を数えることが、大切です。
計画できる日数がわかると、計画の立て方も違ってきます。

●ステップ 2　どんなことをやりたい？
―― バラバラ作戦で、やりたいことを1つずつ書き出す

ステップ2では、「いろいろやらなくちゃ」「たくさんやることがある」「やりたいことがいっぱい」といった漠然とした忙しさや「大変！」という気持ちから解放されるように、やることを具体的に書き出します。やりたいこと、やらなきゃいけないことを1つ1つに分解する技術（スキル）を養います。

●ステップ 3　数字に「変身」させよう！
―― 何回に分けられる？　どのくらいかかる？　いつまで？

ステップ3では、「算数プリント」「国語ドリル」などの行動は何回に分けられるのか、分けた1回分には何分間くらい必要なのか、それはいつまでに終わらせればいいのか、といった「やること」を「数字」に置き換える技術（スキル）を養います。
作文を書くのに何分必要か。観察をするのには何分必要か。これらの「予測」時間を、子どもたちが始めから正確に予測できるということはありません。「予測した」という事実を大切にして、予測とどのくらい違っていたのかの確認を、大人と一緒にできるとよいでしょう。

●ステップ 4　順番をつけていこう！
―― 計画を立てる順番に3つのグループに分ける

ステップ4では、優先順位をつける技術（スキル）を身につけます。
やりたいこと、やらなきゃいけないことすべての項目に順番をつけるのは、大人だってカ

ンタンなことではありません。ですから、まず、3つのグループに分けることから始めます。

学校の宿題など、絶対にやらなきゃいけないものが「①」です。これは、自分の都合でやるか、やらないかを決めることができないものを指します。誰かとの約束とも言い換えられます。

自分の勉強や興味で、やりたいと思っていることは「②」です。これは、本人も、保護者や指導者も、本来はやったほうがいいと考えていることです。たとえば、自宅で購読している通信教育のドリル、机の片付けなどです。

ここでは、「絶対」という優先順位①と、②の自主的な志の違いを明確にすることが大切です。この優先順位の違いを本人が認識できるようになると、将来大人になったときに「計画力」のある人になるのです。

できたら、これもやりたいと思っていることは「③」です。これは、①も②もすべて終えた上でできると、心のゆとりが生まれ、主体性のある毎日が送れるようになるので、とても大切です。①②ができた上で、③ができたら、たくさん褒めてあげましょう。

●ステップ5　計画表に書いてみよう！
――― まずは、「決まっている」ことを先に書く

計画表には、まず、起きる時間や寝る時間、食事の時間、毎週決まった曜日に行う習い事などを書き入れます。日時がすでに決まっていることを先に書くことで、その時間をブロックしてしまうことが必要です。これによりどこの時間帯を使えるのか、ということが目で見てわかるようになるのです。

●ステップ6　計画は楽しいパズル合わせ！
――― 空いている時間に行動計画を書き込む

30分を1つの単位として、行動の1つ1つを自分がやりたい時間に当てはめていく技術（スキル）を身につけます。

一種の「パズル合わせ」といった考え方です。入れていく順番は、「数字に変身！」で数の多い順。優先的に時間を確保するべき項目を、先に書いていくのです。

ポイントは、あまり無理をせず、「クッションタイム」（38ページ参照）などの隙間を入れ、実行できる計画を立てることが大切です。

●ステップ7　キミが主役。やり直してもOK！
――― 次の日以後の空いている時間に移すだけ

ステップ7は、とても大切。大人としては、せっかく計画を立てたのだから、それを守ることを期待しがちです。

もちろん、計画通りに実行できたら、たくさん、たくさん、褒めてあげてください。でも計画通りにできなくてもよいのです。

1つできたら、「計画を立てたから、1つできたよね。よかったね。じゃあ、できなかったのを、別の日に移そうね」と、本人の力で、計画通りにいかなかったことを別の日に動かすことを教えてあげてください。計画表に支配されるのではなく、「自分が自分の時間を計画する」という攻めの姿勢が身についたら、毎日が楽しいのです。

　計画通りにいかなかったことでクヨクヨしてしまうのではなく、すぐに計画を立て直せる子どもに育ててください。

　人生の主役は自分。計画表ごときに、支配されて一喜一憂する必要はありません。計画力のある人間になれば、計画の立て直しもさっとできる。つまり、危機にも強い、臨機応変な人間に育つというわけです。

　とにかく褒める。何度も計画を立てさせる。この繰り返しこそが、大切なのです。

● 毎日、確認してあげてください

　子どもたちは、一生懸命に計画を立てることでしょう。自転車に乗るのと同じで繰り返すうちにどんどん上手になります。

　保護者・指導者の皆様は、毎日彼らのページを見て、その日の終わりには、「大好き！メッセージ」に一言メッセージを書いて、シールをはってあげてください。

　子どもたちは、大人からの承認をとても嬉しく受け取り、翌日への元気の源にすることと思います。

■保護者のための計画力に関するQ＆A

　ここでは、子どもの計画力や時間管理に関して保護者のみなさんから頻繁に寄せられる質問を紹介します。本書を使う際だけでなく、今後時間管理を進めていく上で役立ててください。

Q：数字に「変身」とは、どういうことですか？
A：例えば、勉強時間として、「国語」と書いておくのではなく、「国語問題集1ページ〜3ページ」などと具体的に数字で書くということです。「国語」と書いていると、「達成」できません。しかしページ数が書かれていれば、「達成感」が味わえるのです。

Q：書いても、うっかり忘れてしまうのですが。
A：手帳を使うコツは、「いつも開いている」ことです。子どもが書いた、この練習帳や手帳を、いつも机の上に開いておき、時計を見たり、計画表を見たり、ということが習慣になっていくと、書いた計画を実行することが簡単になります。

Q：親はどんな指導をしたらいいですか？
A：まず、「計画力をつける」ことの目的を、何度も思い出してください。計画力をつけることの目的は、子どもが「自分で決めた」ことが「自分でできた」ら、「うれしかった」という喜びのサイクルを、なるべく多く体験することです。ですから、親の希望する優先順位でなくても、子どもが決めた計画を褒めてあげてください。そして、できた時にはもっと褒める。親だって、すべてが計画通りに行きませんよね？
大切なことは「自分で決めたら、できる」「決めたことができると、楽しいし、やる気が出る」ということを覚えること。時間がかかっても、毎日褒め続けてください。大人の方の講座にまずいらしていただき、親が実践することもいい案かもしれません。

Q：まだ8歳ですが、使ってもいいでしょうか？
A：もちろん、保育園や幼稚園生でも、小学校低学年でも、子どもによって理解はまちまちですから、保護者の方が適切だと思えば、使ってくださって結構です。ただし、大切なことは、時計の読み方を学習するのが小学2年生だということ。また、時計を読むことと時間の量を理解して計画を立てる力があることとは別だということです。8歳くらいで、初めて「時刻」を理解していきます。その後、時間の「総量」や「将来にかけての時間の長さ」などの時間の概念を理解するのです。ですから、今が何時かがわかるから、必ずしも計画を立てられるわけではありません。子どもが「楽しみ」「喜び」を感じ続けることが、一番大切です。私が教える「親子の時間管理講座」は小学4年生以上を対象にしています。

Q：初めて使うとき、どんな風に使ったらいいでしょう。
A：初めての場合は、1日をすべて計画するのではなく、まずは「決めた」ことが「できた」という体験を、1つずつつくるために、1日1つ計画を決めて書き、それを実現させることから始めましょう。たとえば「4時から30分、お母さんと本を読む」と決め、計画表に書く。親は、3時50分くらいになったら、「一緒に本を読むのは、何時からだったかしら？」などと声をかけます。そして子どもが「お母さん、4時だよ、一緒に本を読もう」と声をかけてきたら、「わ、すごい、計画通りね！」と褒めてあげます。1日1つを何週間か続けながら、それを1日2つ、3つと増やしていくといいでしょう。

Q：親も一緒に計画したほうがいいですか。
A：はい。親も同じ手帳を使うなどして、一緒に時間管理をするといいでしょう。子どもが「夕ご飯」と計画しているのに、夕ご飯が間に合わなかったら、子どもの計画が崩れてしまいます。ですから子どもと親が、計画を共有することが大切ですね。我が家では親子3人で同じ手帳を使っています。私が教える時間管理講座は「小学生と保護者」の親子の時間管理講座、また、中学生、高校生の講座があります。一緒に学び、毎日使い、点検することで、上達していきます。ぜひ、親子で使ってみてください。
詳細は：http://www.actionplanner.jp/

■付録:「1週間時間割表」の使い方(子ども用、大人用)

　本書の最後に「子ども用1週間時間割表」と「大人用1週間時間割表」を掲載しています。どうしても必要な場合、切り取り線にそって切り取ってお使いください。

　このページの記入例は、本練習帳で学んできたこととは全く別に、1週間の定期的な流れを書き留めておくためのものです。大人も、子どもも、毎日の記入が習慣づくまでは、このような表に書き出しておくと、基本的な自分の持ち時間が見えてとても便利でしょう。

ただし、できればこのような時間割から卒業したいのです。これを使い続けると、時間管理ができなくなります。ぜひ、この練習帳の後半になったら、この「1週間時間割表」を捨ててしまうようにしてみてください。

● 「子ども用1週間時間割表」記入事例

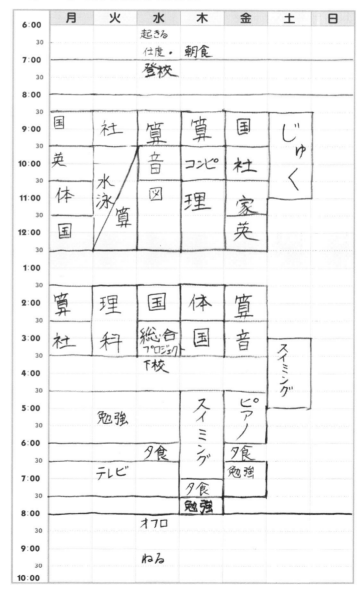

● 「大人用1週間時間割表」記入事例

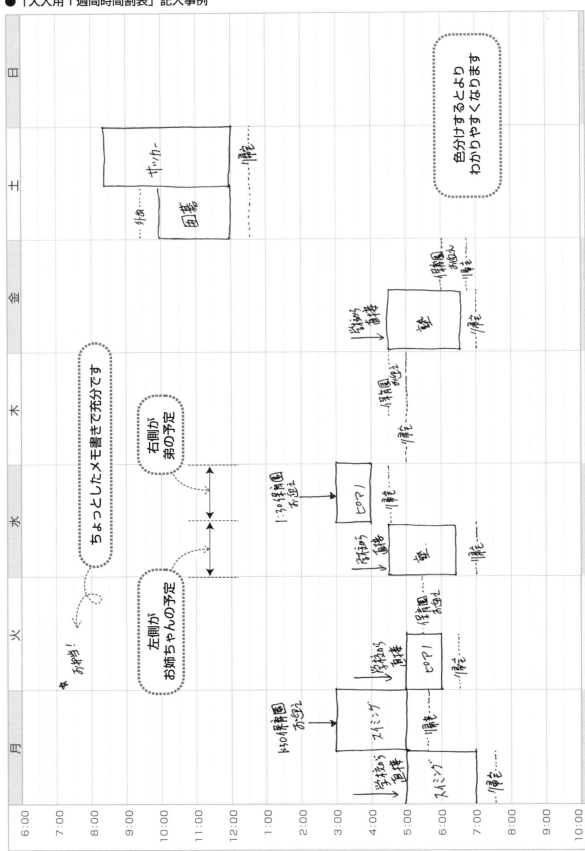